AF509103

GRAND VENT, PETITE PLUIE,

OU

LE COMITÉ

DES DAMES PHILHELLÈNES

AUX CHAMPS-ÉLYSÉES.

GRAND VENT, PETITE PLUIE,

OU

LE COMITÉ

DES DAMES PHILHELLÈNES

AUX CHAMPS-ÉLYSÉES.

PAR M. A. F. de G.

Se vend au profit d'un Etablissement de Charité, FRANÇAIS.

Air connu.

Chantez, dansez, amusez-vous,
Amusez-vous, jeunes compagnes.
Des Turcs affrontez le courroux ;
Des Grecs protégez les campagnes :
D'ici-bas on perd le vrai bien
Quand on hait, ou qu'on n'aime rien.

PARIS,

IMPRIMERIE DE BÉTHUNE, RUE PALATINE, N.º 5.

1826.

LE COMITÉ

DES DAMES PHILHELLÈNES

AUX CHAMPS-ÉLYSÉES.

LE Comité est réuni extraordinairement pour en-
tendre le rapport d'une dame philhellène, qui arrive
de sur la terre. Sont présentes à cette séance, *Aspasie, Sapho, Dibutade, Epicharis*, jeunes dames de
l'ancienne Grèce ; Eléonor d'Aquitaine, Madame de
Tencin, Roxelane, Mademoiselle Bertin, Mademoiselle Clairon, la chevalière d'Eon, Olimpe de Gouges,
jeunes dames françaises. Une quakeresse anglaise,
une illuminée allemande assistent également à la
séance ; la nouvelle débarquée entre au comité :

Toutes les dames (à la fois) — Que dit-on de moi
sur la terre ?

La nouvelle débarquée — Mesdames, on dit en général que les personnes de notre sexe qui écrivent
des mémoires, contractent un peu trop l'habitude
de ne se peindre qu'en buste, qu'elles s'appesantis-

sent beaucoup sur les détails accessoires, et qu'elles esquivent toujours l'aveu principal.

Mademoiselle Clairon—Mais voyez donc ces hommes ! je les trouve plaisans avec leur curiosité. Ne savent-ils pas encore, qu'ils sont obligés de nous croire sur parole : on peut nous ravir la liberté, mais l'honneur.......

Éléonor d'Aquitaine — Mon Dieu, Madame, vous nous parlez toujours de votre honneur ; nous savons bien, je vous assure, à quoi nous en tenir là-dessus. Je prierai notre nouvelle associée de me dire s'il est question d'une croisade contre les Mahométans, et si les dames françaises se disposent à suivre leurs chevaliers en Palestine ou en Grèce?

Olimpe de Gouges — A-t-on organisé des clubs et une propagande pour aller insurger la Turquie?

Mademoiselle Bertin — Envoie-t-on des chapeaux et des modes françaises en Grèce, pour civiliser entièrement ces braves républicains ?

La chevalière d'Éon — Parmi les dames philhellènes de là-haut, en est-il quelqu'une qui se soit décidée à former un escadron d'amazones pour aller guerroyer en faveur des insurgés.

Roxelane — Pour moi, Mesdames, je ne suis pas très-grecque de sentimens ni de figure ; car tout le monde sait que je suis pourvue d'un petit nez retroussé de forme un peu française. Mais ce petit nez a renversé les lois fondamentales du vaste empire turc. A ma voix les murs de ces affreux *harems* que vous détestez comme moi , se sont écroulés de toutes parts ; le grand Soliman , empereur des Turcs , m'a reconnue pour son unique et légitime épouse ; tout a pris durant mon règne une forme nouvelle. Je voudrais bien savoir si quelqu'un de ces petits nez mutins, qui ne sont pas rares en France , n'aura pas risqué sur le cœur de Sa Hautesse aujourd'hui régnante, la même tentative qui m'a si heureusement réussi avec Soliman? Par ce moyen, la civilisation pénétrerait en Turquie , et la Grèce serait sauvée sans effusion de sang.

Aspasie — Quelqu'autre Léonidas est-il parvenu à arrêter les barbares aux Thermopyles?

Roxelane — De quels barbares parlez-vous donc , s'il vous plaît? serait-ce des Albanais ou des Klephtes?

Aspasie — Les barbares , Madame , sont les ennemis des généreux descendans de Périclès et de Thémistocle.

Madame de Tencin — Ah ! les Grecs dont vous parlez n'existent plus que sur le Théâtre Français , à Paris.

Olimpe de Gouges — Impossible qu'ils aient dégénéré.

Roxelane — Eh ! pourquoi seraient-ils plus à l'abri des révolutions morales et physiques du globe , que les habitans actuels de l'antique Rome, auxquels vous ne cessez de reprocher leur état de dégradation? En vérité, ces libéraux sont plaisans avec leurs bévues et leurs préjugés.

Mademoiselle Bertin — Écoutez, je vous prie, Mesdames; une marchande de modes n'est pas obligée d'être une savante; mais je vous invite à être d'accord ensemble, car si les Grecs ne sont pas tels que les peignent David et Racine, je ne fais pas le moindre sacrifice en leur faveur.

La Quakeresse anglaise — Ah! ah! ma petite Française, tu aimes les formes élégantes et la draperie pittoresque du costume antique, dont la volupté se réjouit aux dépens de ta pudeur; mais tu devrais bien voir que tout cela ne peut avoir d'agrément qu'en peinture, et que si tes héros affrontaient les intempéries des saisons dans cet équipage, ils seraient aussi peu ragoûtans et aussi grotesques que les sauvages des îles de la mer du Sud, lorsqu'ils portent sous leurs bras ou sur leur tête la culotte que leur donne un Européen pour cacher leur nudité. Ah! John Buhl pense au solide, et ne donne pas dans des écarts d'imagination aussi extraordinaires. A vous les lauriers de la Grèce, à nous les trésors du Mexique.

Mademoiselle Clairon — Je vais répondre franchement, madame la Quakeresse, à vos réflexions, qui se ressentent un peu, il faut en convenir, de l'air épais d'Albion. Les dames françaises, plus parfaitement organisées, ont la fibre plus délicate que celles de votre ancienne patrie. Une dame française secourt peu la véritable indigence, non par une véritable du - reté de cœur, mais l'aspect des haillons et de la mi- sère blesse sa vue ; la voix rauque et sourde de l'in- digent affecte son oreille ; enfin l'odorat, le tou- cher, tout est dans un état de souffrance auprès du malheureux. Mais voyez une Française au spectacle, voyez-la s'attendrir au récit des malheurs de Monime, d'Iphigénie, d'Aricie et de toute la nombreuse fa- mille d'Agamemnon. Comme la sensibilité d'une Française se développe bien au spectacle! Comme elle aime les jeux de la scène! Imaginez-vous qu'un jeune homme arrivé de là-haut, depuis peu, m'a conté qu'il avait fait faire tout le tour de Paris à une petite ouvrière en modes en lui montrant de loin un billet de spectacle. Madame, les arts de l'imagination sont nécessaires aux femmes de l'ancienne Grèce et de la France moderne.

La Quakeresse — Oui, et vous négligez le positif pour courir après les chimères. A quoi bon, par exemple, ces souscriptions ouvertes là-haut, tantôt pour doter les enfans d'un général qui avait déjà une belle fortune; tantôt pour secourir un peuple avec lequel vous n'avez aucun point de contact. Si votre bienfaisance était aussi réelle qu'apparente, on pourrait vous considérer comme un peuple tombé dans un état complet de démence ; car il ne faut pas être bien fin observateur pour voir que le peu d'ar- gent que vous semerez en Grèce, sera recueilli tôt ou

tard par les Russes ou les Anglais. Eh! tenez, Mesdames les Philhellènes, voilà un de vos protégés qui
passe; que pensez-vous de sa bonne mine? (*Un
Klephte passe devant le Comité*).

Olimpe de Gouges — C'est un Turc.

Roxelane — C'est un Grec.

Aspasie — C'est un barbare.

Olimpe de Gouges — C'est un Turc, vous dis-je.

La Quakeresse — C'est un Grec, vous dis-je.

Dibutade — Mais voyez le costume.

Roxelane — Mais il s'appelle Thémistocle.

Mademoiselle Bertin — Ecoutez donc les accens de
sa voix rauque et sauvage.

La Quakeresse — Voyez donc ce chapelet d'oreilles
turques, qu'il porte suspendu à son cou.

Mademoiselle Clairon — Je m'en rapporte à Madame de Tencin, notre présidente.

Toutes (*à la fois*) — Et moi aussi.

Madame de Tencin — Mesdames, vous avez toutes
également raison, parce que fidèles aux habitudes de
votre sexe, vous jugez d'après votre cœur qui se pas-
sionne outre mesure, et choisit par fois assez mal l'objet de ses affections. Ce personnage est ou n'est pas
grec, selon l'acception que vous donnez à cette déno-
mination. Pour celles qui adoptent l'affirmative, ce
klephte sauvage et indompté est un grec; car il est
né et il habite sur le territoire de l'ancienne Grèce.
Son idiome même a conservé quelques accens gut-
turaux, qui rappellent confusément la langue har-
monieuse d'Homère et d'Anacréon. Mais d'un autre

côté je m'aperçois que notre jeune *Dibutade* ne reconnaît ici, ni la régularité des formes élégantes de ses contemporains, ni le costume brillant et pittoresque dont ils étoient revêtus. En effet, la Grèce, depuis sa décadence, a été envahie par mille peuples plus ou moins grossiers qui s'y sont tour à tour établis et ont mêlé leur sang à celui des indigènes, de sorte qu'il est permis de se demander, si dans les innombrables molécules qui composent la substance d'un grec actuel, il en est un seul avec lequel la race antique des Hellènes pourrait réclamer quelque homogénéité. Le ciel même, le climat de cette terre jadis si riante et si poétique, tout a changé : l'air y est aujourd'hui froid et nébuleux ; la terre stérile est d'un aspect sauvage et repoussant. Les Turcs enfin, qui sont arrivés les derniers, quoique peu enclins à la propagation de leurs lois et de leurs coutumes, ont fini par imposer les unes et les autres aux grecs modernes ; voilà pourquoi les habitudes et le costume des uns et des autres a beaucoup de ressemblance ; voilà ce qui constitue l'erreur excusable de quelques-unes d'entre vous. Il est vrai que les Grecs des îles sont un peu plus polis que ceux du continent ; mais ils sont aussi avides, plus fourbes, plus rampans et moins braves que leurs compatriotes de la terre-ferme ; tout bien calculé, je préfère la sauvage indépendance du klephte dans l'intention duquel je découvre une certaine élévation de sentimens, à la basse rapacité des écumeurs de mer qui infestent les îles de l'Archipel. Au demeurant, il est reconnu que tout doit être bizarre dans cette querelle engagée pour ou contre l'insurrection des Grecs. N'est-il pas, en effet, extraordinaire que la partie de cette nation qui paraît avoir le moins éprouvé de dégradation physique, celle dont les formes corporelles sont encore les plus belles ; celle qui forme la masse la plus compacte et la plus nombreuse, soit précisément celle qui s'est entièrement dévouée à la cause des conquérans ? Je parle des Albanais.

Mademoiselle Bertin — Notre présidente ne me paraît pas prodigieusement dévouée à la cause des Hellènes. Serait-il donc vrai que tous les personnages de haut rang ne caressent les intérêts populaires que dans des vues d'ambition ou de politique ; qu'au fond ils se moquent des opprimés comme des oppresseurs, et qu'ils se font *bergers* par dépit de ne pouvoir être *loups* à leur fantaisie ? Ma foi, si j'étais sur la terre je ne donnerais pas une obole à ces quêteuses qui exercent la bienfaisance aux dépens du petit peuple, pour en recueillir seules l'honneur et le profit.

La chevalière d'Eon — Oui, Madame; c'est ainsi qu'un général d'armée qui se tient à une lieue du champ de bataille, recueille la gloire et les récompenses accordées à la victoire que ses soldats ont remportée au prix de leur sang. Mais pourquoi voulez-vous qu'il en soit autrement aujourd'hui qu'il n'en fut dans tous les temps ?

La Quakeresse anglaise — Mais, Madame la guerrière, je voudrais qu'avant d'être ambitieux, on fût conséquent et qu'on eût au moins le sens commun. Je voudrais, quand on a des milliers de misérables chez soi, qu'on secourût ceux-ci, avant d'aller au-delà des mers chercher à redresser des torts dont on ignore la cause et la réalité, et dont on ignore quel sera le résultat. Ah! mon Dieu, quelles têtes que ces têtes françaises! toujours prêtes à incendier leur patrie, ou à mettre ses intérêts en oubli pour le plus léger motif d'ambition ou de vanité.

L'Illuminée allemande — Cependant j'aime à convenir que l'intérêt de la religion dirige essentiellement cette intéressante entreprise, au succès de laquelle je me dévouerais volontiers toute entière si j'étais encore sur la terre. J'irais, s'il le fallait, jusqu'en Grèce pour ramener au giron de l'Eglise ces malheureux schismatiques dont Dieu réprouve les vains efforts, parce qu'ils se sont écartés sciemment du chemin de la vérité. Le signe de la rédemption en main, je marcherais en tête de leurs phalanges, et le Dieu fort, le Dieu des armées me prêterait son appui tout-puissant, afin d'assurer le triomphe de sa sainte cause.

La nouvelle arrivée — Ah! Madame, que nous dites-vous là, vous ignorez donc qu'on a inscrit sur les portes de la Grèce le *distique* qu'une princesse fort spirituelle avait fait jadis pour la porte du cimetière St.-Médard :

De par le Roi, défense à Dieu
De faire miracle en ce lieu.

En France nous n'agissons pas avec cette chaleur de sentimens, surtout en matière de foi. Nous nous disons aujourd'hui religieux, parce que le torrent de l'opinion roule de ce côté; mais d'ailleurs on ne s'en lève pas un quart d'heure plutôt, on ne retranche ni un plat de sa table, ni le moindre colifichet de sa toilette, ni la moindre habitude d'aisance ou d'agrément. Que voulez-vous, depuis quarante ans on nous a prêché tant de choses, et tant de choses si contradictoires, que nous avons fini, pour nous débarrasser de toute pénible incertitude, par ne plus croire à rien, si ce n'est pourtant à la puissance de l'or et à l'existence de nos cinq ou six sens, à la jouissance desquels nous nous employons, je vous jure, d'une manière tout à fait méritoire. Demandez plutôt à l'auteur de la *Physiologie du goût*, qui est arrivé depuis peu dans ces lieux. Les Dethou, les L'Hôpital, les Molé auraient traité cet ouvrage d'occupation peu compatible avec la gravité des fonctions publiques de l'auteur; mais de notre temps ce dernier n'était plus qu'un épicurien aimable, dont les connaissances en fait de bonne chère, étaient dignes de la plus sérieuse attention.

Epicharis — Et la liberté?

La nouvelle arrivée — La liberté! c'est une chimère platonique dont nous sommes dégoûtés. Nous préférons la licence, car cette dernière s'accommode bien mieux à nos fantaisies. Mais comme nous craignons que son règne soit de courte durée dans notre patrie, nous lui cherchons un asile tantôt à Naples, tantôt en Piémont, tantôt en Espagne et tantôt en Grèce.

Olimpe de Gouges — Et les sans - culottes, citoyenne ?

La nouvelle arrivée — Les sans-culottes de votre époque, Madame, ne sont plus que des fantômes dont l'aspect seul effraierait aujourd'hui tout le monde. Cependant il faut les jeter de temps en temps au nez des libéraux pour mémoire. Au surplus l'espèce de *sans-culottes* dont se composent les membres de ce comité, les vrais séduisans, mais un peu fripons sans-culottes dont vous aviez composé jadis un club au cimetière des Innocens, sont toujours très - choyés, très-courus de la population mâle de la nation. Toutefois, quoiqu'on aime un peu à en médire, on ne se permettra pas de dissoudre le comité philhellénique par le même procédé qui mit fin au club dont vous étiez présidente.

Mademoiselle Bertin — Eh ! de quel procédé usat-on envers un sexe faible, timide et sédentaire par goût comme par nécessité ?

La nouvelle arrivée — Pour les rappeler aux soins du ménage on ne se contenta pas de mettre deux balais en croix sur la porte de la salle des séances du club, on profita de la facilité que donne l'absence

du meuble indispensable, et ma foi, les écoliers ne
furent pas seuls fustigés ce jour-là.

Dibutade — Quelle indignité, et quels procédés
sauvages ! C'est donc ainsi, ô Français, que vous
prétendez justifier le surnom de modernes Athéniens
dont vous vous êtes emparés ! O toi, ombre encore
chérie, qui m'inspiras les premiers traits auxquels
l'art de la peinture doit sa naissance, réponds : est-ce
ainsi que tu aurais accueilli la douce compagne de
ta vie, l'être gracieux et riant auquel tu avais voué
un culte particulier? Mais dites-moi, Madame, je
vous prie, où en est l'état des arts en France et par-
ticulièrement celui de la peinture ? Les artistes font-
ils quelque chose en faveur de la cause des Grecs ?

La nouvelle arrivée — Je n'ai rien à ajouter, Madame, à la terrible apostrophe que vous avez adres-
sée à notre nation, ni rien à ajouter à la brillante
invocation dont vous avez chatouillé les mânes de
votre amant chéri. Je veux bien prendre tout cela
pour argent comptant, quoique la distance des temps
auxquels nous avons vécu l'une et l'autre, ne me per-
mette d'apprécier que d'une manière confuse la vie
pratique de vos contemporains et l'état des arts à
votre époque. Si tout ce qu'on nous dit de l'ancienne
Grèce est vrai, sans doute on vivait dans votre siècle
d'air, d'ambroisie céleste et d'amour. L'imagination
pouvait battre la campagne toute à son aise ; elle
n'était pas sans cesse ramenée au positif de notre
vie sociale par les soucis toujours renaissans du len-

demain. En tous cas, les temps sont bien changés, je vous jure ; mais l'imagination des artistes, vagabonde aujourd'hui comme elle a été de tous temps, amène dans leur position des contrastes un peu singuliers. De nos jours il n'est pas rare de voir un adorateur des muses marcher la tête dans l'Olympe et les pieds dans un tas de boue ; ils souscrivent pour les Grecs et ils ne paient pas leurs dettes. Telle autre qui marche sur vos traces étale des bijoux et des étoffes de prix, et manque du vêtement le plus indispensable ; telle autre jeune élève dédaigne les hommages et les offres d'hyménée d'un homme de sa classe, et finit par n'épouser personne, sans renoncer aux douceurs de l'amour et de l'inconstance. Le public grossier traite cette conduite de prétention déplacée ou de défaut de principes ; mais pour moi, je pense que cela provient de la chaleur de ces imaginations salpêtrées. En effet, il ne devrait y avoir d'artistes que dans des contrées telles que l'ancienne Grèce, *el Dorado*, ou le pays de Cocagne. En attendant, cette classe d'adorateurs des muses, pour avoir une attitude dans le monde, s'est jetée dans l'opposition.

Epicharis — L'opposition ! cette expression me sourit, quoique je n'ai qu'une idée confuse de sa valeur dans l'acception que vous lui donnez.

Toutes les dames (*à la fois*) — L'opposition ! nous ne savons pas bien ce que c'est ; mais c'est égal, nous voulons être aussi de l'opposition , dites-nous ce que c'est que l'opposition ?

La nouvelle arrivée — Je ne suis pas étonnée , Mesdames, de ce que par instinct vous avez choisi le côté qui convient au caractère attribué à notre sexe en général ; toutefois , je suis embarrassée de définir d'une manière claire ce qu'est l'opposition dans le sens politique que je lui ai donné ; je serais plus embarrassée encore s'il me fallait en montrer les avantages ou les inconvéniens. Et que cela ne vous étonne pas : depuis dix ans on a imprimé deux millions de rames de papier pour éclaircir cette question , qui en est devenue un peu plus obscure après ce prodigieux fracas de paroles.

Madame de Tencin — Il paraît qu'il en est encore aujourd'hui comme de mon temps. A l'occasion de la bulle *unigenitus*, on commença par beaucoup parler et beaucoup écrire , et puis de guerre las , fatigués de contestations dont chacun ignorait la cause réelle ou imaginaire , on finit par faire un jouet de la pièce qui avait failli troubler la paix de l'Etat, et causer une effusion de sang. Mais je m'aperçois que j'abuse des privilèges de mon sexe et de ceux de ma place de présidente pour entraver la discussion ou la compliquer inutilement. Madame, je vous cède de nouveau la parole , et vous prie de vouloir bien nous dire ce que c'est que l'opposition.

La nouvelle arrivée — Je dois auparavant vous dire ce que c'est qu'un gouvernement représentatif, puisqu'aucune de vous n'a eu le bonheur de vivre dans le siècle par excellence. Il y a long-temps qu'on a comparé le gouvernement d'un Etat bien organisé à celui d'une famille dans l'état de civilisation : le chef de la famille, c'est comme le souverain d'une monarchie constitutionnelle ; il exerce seul le pouvoir exécutif, il propose des lois, et refuse son adhésion, quand bon lui semble, à celles qui n'émanent pas de lui ; au surplus il se dispense assez ordinairement d'agens secondaires ou ministres : c'est autant d'économies faites sur le budget des dépenses de la famille. En continuant ma comparaison, la femme exerce elle seule les fonctions de deux corps nombreux institués dans les gouvernemens représentatifs, pour discuter les projets de loi proposés par le souverain. Ici éclate l'action de cet être moral dont l'existence n'est reconnue ni par la Charte constitutionnelle de la famille, ni par la Charte constitutionnelle de l'Etat, et dont tout le monde s'accorde néanmoins à reconnaître la nécessité. L'opposition, c'est-à-dire le droit de dire nettement son avis sur les vices d'un projet de loi, discute au vu et au su de tout le monde la proposition qui lui est soumise. Les débats sont par fois orageux ; car dans la famille comme dans les Etats constitutionnels, on trouve des législateurs très irascibles, très-contrarians et surtout très-verbeux ; de sorte que s'il est vrai de dire que *du choc des opinions jaillit la lumière*, il est certain que cette lumière est quelquefois bien douteuse ; mais *Mira-*

beau arrangeait tout cela en disant *qu'il fallait manger de la cuisine et ne pas la voir faire.*

Aspasie — Et dans cet état de choses, quelle conduite tiennent les enfans et les domestiques?

La nouvelle arrivée — Les domestiques exécutent aveuglément les ordres du chef de la famille, de crainte d'être renvoyés ; les enfans obéissent, mais quelquefois d'assez mauvaise grâce, surtout lorsqu'ils ont entendu les débats et les discours de l'opposition.

Madame de Tencin — Et les voisins ?

La nouvelle arrivée — Les voisins se mettent à la croisée, rient aux dépens de qui de droit, lorsque la discussion est trop orageuse, et quelquefois vont butiner sur les terres de gens qui sont si occupés à se chamailler.

Roxelane — En vérité, si votre siècle n'a pas fait de découverte plus importante, ce n'est pas le cas de tant se récrier sur cette époque de merveilles. Dans votre famille civile ou politique il faut payer beaucoup de domestiques pour être souvent mal servi ; il faut payer les enfans pour les faire taire ; il faut payer les voisins pour les engager à rester tranquilles ; je ne conçois pas où vous pouvez prendre tout cet argent : vous avez donc des mines inépuisables?

La nouvelle arrivée — Oui, Madame, nous avons découvert une mine inépuisable du moins jusqu'à ce jour. Cette découverte est l'art d'emprunter sans jamais rendre le principal de l'emprunt; d'ailleurs nous servons avec beaucoup d'exactitude les intérêts.

Aspasie — Oui, mais vous faites tous les jours de nouveaux emprunts; par conséquent la masse des intérêts augmente, et si quelque circonstance extraordinaire arrive..... Mais tenez, laissons-là cette matière; je n'aime pas la complication des rouages de votre machine, qui doit être souvent arrêtée dans sa marche, et je préférerais un bon système d'économie à cette manière hasardeuse de vivre au jour le jour, en courant le risque de voir à chaque instant l'Etat bouleversé de fond en comble par une guerre qui détruit votre crédit, par une suspension de paiement des intérêts de la dette, ou par toute autre cause qu'il est plus facile d'imaginer que de dire tout haut.

Madame de Tencin — Mesdames, Mesdames, la question préalable, je vous prie; nous avons déjà bien perdu de vue l'objet essentiel de la discussion. Et les Grecs, s'il vous plaît? Quels sont enfin les services que le comité philhellénique féminin de là-haut rend ou se propose de rendre à ses protégés?

La nouvelle arrivée — Nous nous sommes écartées, il est vrai, de l'objet principal de la discussion : cet usage féminin est également un usage parlementaire; il y a peu de choses à nous reprocher à cet égard. Je reprends ma narration.

Je dirai donc en peu de mots que nos co-affiliées

de là-haut, peu soucieuses de guerroyer en personne pour la cause des Grecs, peu soucieuses de courir les pays lointains même en compagnie de leurs chevaliers, parce qu'elles n'aiment pas à coucher sur la dure, parce que l'air de la campagne, le chaud, le froid, les jeûnes et les veilles détruiraient leurs charmes, sont peu tentées, d'un autre côté, de toucher au budget de leurs dépenses personnelles; car il comporte bien juste ce qu'exigent les frais de leur toilette et les distractions indispensables aux personnes de leur rang. Il fallait se montrer généreuses à bon marché. Le dernier terme de l'habileté était alors, non pas de cacher à sa main droite l'acte de charité qu'exercerait la main gauche, mais d'habituer celle-ci à puiser dans toute autre poche que la sienne, afin d'exercer cet acte de charité. Quelle variété de plaisirs et de sensations nouvelles il résulterait de ces courses journalières! qu'il est piquant de voir ces gens de la classe moyenne dans l'intérieur de leur ménage! Avez-vous remarqué, dit l'une, l'air refrogné de cette petite boutiquière lorsqu'elle a vu tendre la bourse brodée? Mais lorsque les quêteuses ont décliné leurs titres, lorsqu'elles ont annoncé que le nom du souscripteur est inscrit pêle-mêle avec celui des barons, des comtes, des marquis et autres puissans personnages qui font partie de la souscription, la petite marchande ne se possède pas de joie et d'orgueil, elle jette sans balancer les pièces de cinq francs dans la bourse, et se croit pour un moment au niveau des brillantes quêteuses, qui, en effet, ne jouent pas dans cette circonstance le plus beau rôle. Les journaux du parti s'emparent de l'événement ; tout retentit de la souscription ouverte en faveur des pauvres Hellènes auxquels Dieu et les Turcs fassent paix et miséricorde ; mais s'ils faisaient grand fonds sur les secours du comité, ce serait, en vérité, les induire dans une grande erreur.

Madame de Tencin — Je commence à comprendre : on veut tuer le temps, faire de l'opposition, c'est-à-dire faire parler de soi, et les séances de là-haut sont à peu près comme la séance que nous tenons ici-bas : on parle beaucoup, on agit peu, on ne tient réellement à rien. Il n'est donc pas étonnant que les résultats du comité philhellénique soient un

GRAND VENT PETITE PLUIE.

www.ingramcontent.com/pod-product-compliance
Lightning Source LLC
LaVergne TN
LVHW012126170726
843501LV00008BC/3052